Oeconomia Naturae

Carl Von Linne

D. D.
SPECIMEN ACADEMICUM
DE
OECONOMIA
NATURÆ,

QUOD,

CONSENSU AMPLISS. FACULT. MED.
IN REG. ACADEMIA UPSALIENSI

P R Æ S I D E

VIRO CELEBERRIMO ET EXPERIENTISSIMO

DN. DOCT. CAROLO
LINNÆO,

S:Æ R:Æ M:TIS ARCHIATRO
MED. ET BOTAN. PROFESS. REG. ET ORD.
ACAD. IMPER. MONSPEL. BEROLIN,
STOCKHOLM. ET UPSAL. SOCIO;

PUBLICO EXAMINI MODESTE SUBMITTIT

ISACUS J. BIBERG,
MEDELPADUS.

IN AUDIT. CAROL. MAJ. AD DIEM IV. MART.
ANNI MDCCXLIX.
H. A. M. S.

UPSALIÆ.

S:æ R:æ M:tis

MAGNE FIDEI VIRO,

REVERENDISSIMO

PATRI ac DOMINO,

D:no OLAVO
KIÖRNING,

S. S. Theologiæ DOCTORI Celeberrimo,
Diœceseos per Norrlandiam Occidentalem SU-
PERINTENDENTI Gravissimo, Ven. Consi-
storii Hernosandensis PRÆSIDI Amplissimo,
Gymnasii Scholarumque ibidem EPHO-
RO Adcuratissimo,

MÆCENATI MAGNO.

Non est, quod multis exponam rationes, quibus
adductus eo processi audaciæ, ut Tuum, Re-
verendissime Pater, nomen, huic opellæ præ-
figere, Tibique illam, omni quidem nitore
destitutam, sola tamen argumenti dignitate commenda-
bilem, pio offerre sustinerem animo. Nimirum maxi-

ma illa, quæ cum in me, tum in reliquos, qui Minervæ facris operantur, nullo non tempore, extare voluifti, favoris & benevolentiæ documenta, fpem mihi faciunt certiffimam, fore, ut folita benignitate, hoc eft, ferena fronte, levidenfe hocce munufculum, fis excepturus. Sero illucefcat illa dies, atro utpote calculo notanda, qua nos omnes & finguli, quos provida Supremi Numinis cura, Tuo patrocinio committere voluit, Te ereptum lugeamus: Sic enim, Diœcefis, qua qua patet, Hernofandenfis, Familia Tua Nobiliffima, & clientes Tui præfidium, fulcrum & folatium, de quo femper fibi in finu, gratulantur, longe maximam habent inque pofterum habebunt. Permanfurus, quoad vixero,

Reverendiffimi NOMINIS TUI

Cliens & cultor humillimus
ISACUS BIBERG,

Admodum Reverendo atque Præclarissimo VIRO,

Dn. Mag. LAURENTIO RAMSTRÖM,

S. S. Theol. LECTORI Primar. in Reg. Gymnas,
Hernosand, dexterrimo, Ven. Consist. AD-
SESSORI Æquissimo.

Admodum Reverendo atque Præclarissimo VIRO,

Dn. Mag. PETRO HOLMBOM,

Matheseos LECTORI Gymnas. Hernosand, Perindu-
strio, Consist. ibid. ADSESSORI Dignissimo, Gymnas, h. t. RECTORI Vigilantissimo.

VIRO *Experientissimo*,

Dn. Doct. NICOLAO GISSLER,

Scient. Nat. LECTORI in Reg. Gymnas. Hernos. Dexterrimo, Consist. ib. ADSESSORI, Academiæque
Scient. Stockh. SOCIO Dignissimo.

PATRONIS, PRÆCEPTORIBUS olim,

VOBIS, Patroni ac Evergetæ, *hasce qualescunque
indices, ob plurima in me collata favoris documen-
immaturæ, & nulla stili elegantia politæ sint, benigno
O. M. effundere calidissima, nunquam desistam, digne-
tunas etjam atque etjam commendo, diu sospites servare,*

ADM. REV. PRÆCLAR. ATQUE

cultor humillimus

Admodum Reverendo atque Præclariſſimo VIRO,

Dn. Mag. NICOLAO GRANBAUM,

S. S. Theol LECTORI in Reg. Gymnaſ. Hernoſ.
Secundar. Laudatiſſimo, Ven. Conſiſt. AD-
SESSORI Graviſſimo.

VIRO *Præclarisſimo,*

Dn. Mag. JACOBO UNÆO,

Græc. Ling. LECTORI Gymnaſ. Hernoſ. So-
lertiſſimo, Conſiſt. ADSESSORI
Laudatiſſimo.

Plurimum Reverendo atque Præclarisſimo VIRO,

Dn. Mag. CAROLO GENBERG,

NOTARIO Conſiſt. Hernoſ. Perdiligenti,
CONSOBRINO Dilectiſſimo.

atque FAUTORIBUS OPTIMIS.

ſtudiorum meorum primitias, ceu debitæ venerationis
ta, dedicare volui, ſpe fretus certiſſima illas, licet
acceptum iri vultu. Ego viciſſim vota, ad Deum Te-
tur VOS, quibus me in poſterum measque ſpes & for-
annosque veſtros in longitudinem clementer, porrigere.
EXPER. NOMINUM VESTRORUM

ISACUS BIBERG.

Then Wälborna FRUN
Fru MARGARETA
GRIPENCLO,
Min Kårafte FRU MODER.

The wälgerningar, hvilka min Kårafta Moder, jag alt
itrån födflottunden har at tilfkrifva; åro i fanning
få mångfaldige, at jag finner mig aldeles ofôrmôgen, at
kunna dem rätteligen årkånna, faft mindre vårdigt be-
tômma. Ty at jag icke på detta ftället med många ord
må nemna then ömhet, hvilken J om min och the öf-
rige K. Syfkonens rätta upföftran och timmeliga vålfård,
altid vifat; kan jag ei utan en befynnerlig finnets rö-
relfe omtala then ömniga kårlek och godhet, hvilken
J ifrån then ftunden ofs årtedt, på hvilken vi måfte fe
vår Kårafte Fader, genom ett tidigt frånfälle blifva ofs
berôfvad, och under jordenes ftoft gômder. The många bekymber, fom Eder uti en bedrôfvelig enflighet
trâffadt, hafva fåledes åldrig kunnat ändra Edert fafta
upfåt, at vifa ofs alt thet, fom af en kår och ômfint
Moder kan åftadkommas; iå at vi uti Eder omforg till
ett ôlverflôdigt mått funnit thet uptyllas, hvilket vi i
affaknaden af vår K. Faders omvårdnad kunnat fôrlöra.
Uptag derföre, min K. Moder, detta mitt förfta fnilles
prof, fåfom ett vedermåle af min beftåndiga vôrdnad,
och tackfamma årkånfla, fom ock en frugt af then
koftnad I fôr mig haft ofpard. Min önfkan fkal vara
at en blid himmel ville altid fôrunna Eder en beftån-
dig våltrefnad, och bekrôna Eder med all, både ande-
lig och lekamlig vålfignelfe, få at jag och mine ôfrige
Syfkon framgent måtte få hugna ofs af en få kår Moders
hulda omvårdnad. Jag fôrblifver med diup vôrdnad

Min Kärafte FRU-MODERS

ôdmiukafte tienare och lydigfte fon
ISAC BIBERG,

Min HERRE.

För Naturkunnighetens grundfasta hufvud Reglor håller man thessa: At Naturens vårkningar ske efter vissa lagar; at dessa lagar grunda sig närmast på kropparnas medskapade beskaffenhet; samt at GUD intet omedelbarligen vårkar de förändringar, som i naturen förlöpa efter dessa lagar, vidare, än at han bibehåller de skapade tingen vid sin Natur och förmåga. Dessa hufvudsanningar har Min HERRE äfven åtagit sig at bestyrka, i de *Tre Naturens Riken, Sten-Wäxt*-och *Diur-Riket*, samt tillika med många vackra rön visat den förträffeliga inrättning och Hushåldning, som de naturliga tingen äga vid sin Uprinnelse. fortplantning, och vidmagthållande, samt änteliga förvandling. Det är, J visen huru, de skapade tingen med sådan Natur, krafter och förmåga äro så danade, at, de Naturligt vis kunna efterlefva vissa lagar. J framteen ock många prof af flera färskilta lagar, i akt tagne vid the outösliga ämnen, som finnas i de Tre nämde Naturens Riken; hvaraf vi blifva påminte, at hela Naturkunnighetens förkofring bör väntas af flitiga rön, som anställas med Kroppar af allahanda slägten och slag. Huru vida de äldre Philosophi i detta ödart ämne hafva hunnit, kan man se hos Aristot: i des tvenne böcker, *De Generatione & interitu.* Men hvad vilja vi vel härutinnan vänta mera af de gamla? Vi hafva ju sjelfva dageligen för ögon samma Natur, samma ordning, samma lagar, men vi äro dock blotta åskådare til de mästa phænomena, som ligga oss närmast under ögonen, då det likvist borde heta: *Istuc est sapere, non quod ante pedes modo est videre, sed etiam illa quæ futura sunt prospicere, Ter.* När man har sig lagarna bekanta, kan

man

man til någon del förut finna, hvad verkan deraf kan
följa. Til vår Tids okunnoghet härutinnan är detta hufvudfel nog vållande: at många kunna gifvas som
vel häfva ärfarenhet om flera dråpeliga rön i naturen,
men som de ej sielfva se hvad slut deraf kunde giö-
ras, så lemna de alt i förgiätenhet, Andra åter äro
nog skarpsynte at giöra conclusioner, men dem kan
fela mästa förråden af tilråckeliga rön, då likvist hun-
drade noga beskrefne phænomena, tiäna oss ofta mera,
än oräknelıga konstiga slutsatser, *Nam quod oculus
vidit, ætas non mutabit :* Emedan nu ej alla kunna
finnas lika lyklige, at gienom faststälta lagar bana of
vägen til naturens kunskap, så är bäst at sådana me
flitig akt endast ville noga uptekna fielfva phænomena. I synnerhet kunde Prästerskapet på landet här-
vid skaffa mycken hielp och nytta, om man vid alt
märkvårdigt ville nyttia reflexiva ögon. Hvilket åf-
ven borde skie *för Skaparens skull;* Ty ho lofva
vel then man, som man intet kiänner? Huru ska
man rätt kiänna Mästaren, om icke af hans värk
För vår egen nödtorft skull; Ty af detta skiöte ska
ju hämtas, alt hvad som vår timmeliga brist skal hielpa
För den mykna vantro och vidskiepelse skull, hvilker
finnes alt för mycket hos de lättrogna och okunnig
sinnen inrotat, som nepligen annars står af grunde
at upletas och utrotas. Min HERRE, som sielf äge
lust och skicklighet at fulfölja sina påbegynta vac
kra Studier, tilönskar jag än vidare alsköns lycka
och framgång under deras fortsättiande, och har de
äran at vara.

       Min HERRES

          Upriktige
         NILS GISSLER.

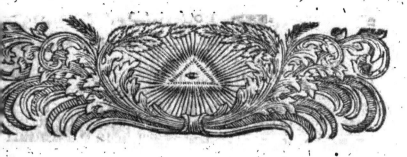

A. Ω

§. I

er OECONOMIAM NATU-
RÆ *a)* intelligimus Summi
conditoris circa Res Naturales sapientissimam dispositio-
nem, secundum quam illæ
aptæ sunt ad communes fines
& reciprocos usus produ-
cendos.

Omnia, quæ hujus mundi ambitu continentur,
Infinitam Creatoris sapientiam pleno quasi ore celebrant.
Quæcunque enim sensibus nostris obversantur, quæque menti nostræ sese consideranda sistunt, ita instructa sunt, ut ad gloriam Divinam manifestan-
dam, id est, finem, quem omnium operum suorum
Deus esse voluit ultimum, producendum, tandem con-
currant. Qui vel maxime ad ea animum advertit,
quæ in Globo nostro Terraqueo occurrunt, is ultro
fateatur, necesse est, omnia & singula ea serie &

A

nexu

a) Alio nomine Oeconomia Divina dictam: it.
Sapientia Divina. Moestbrabr. orat. Lugdb; 1744.

nexu inter fe effe ordinata, ut ad eundem finem ultimum collineent. Huic vero fini ingens finium in-
termediorum fubfervit cohors. Sed cum noftri infti-
tuti non ferat ratio omnes illos perluftrare fines, heic
tantum occupabimur in iis afferendis, quæ rerum
concernunt naturalium confervationem. Ut itaque
continuata ferie Res Naturales perdurent, fapientia
Summi Numinis ordinavit, ut pro novis individuis
producendis perpetuo laborarent omnia viventia, &
omnia Naturalia ad cujuscunque fpeciei confervationem auxiliatrices fibi invicem porrigerent manus,
atque demum unius interitus & deftructio, alterius re-
ftitutioni femper inferviret. En! argumentum, quo
nihil poteft effe illuftrius, nec adeo quidquam dignius,
in quo laborioforum hominum induftria defudet, fub-
actioraque ingenia fuas vires periclitentur. Qvum vero
nos, utpote tenuitatis noftræ probe confcios, haud fu-
giat, rem effe arduam fuoque pondere graviorem, quam
cui ferendo debiles noftri humeri pares fint, quippe
cui rimandæ ne folertiffimorum quidem virorum experientia fufficiat, & quam difcutiendam ingentia non
poffent exhaurire volumina; in animum induximus
fumma tantum ejus capita leviter attingere, id, quantum fieri poffit, præftituri, ut quidquid circa rerum
propagationem, confervationem & deftructionem, in tri-
plici naturæ regno curiofius obvenerit, fcituque dignius, & quod quorumvis perfpicaciæ non obvium noftra Minerva judicaverit, id erudito orbi proponemus.
Sic fperamus fore, ut fi quando iis, quæ aliorum in
hoc genere detexerit induftria, noftra adjiciantur
junctis viribus, communis fuppellex, felici conamin
fuccrefcat, adaugeatur. Antequam vero tria illa naturæ regna noftro fubjiciamus examini, nonnulla de
Orbe in genere ejusque mutationibus prælibare lubet

§. II.

§. II.

ORBIS.

ORBIS Terrarum feu Globus-Terraqueus, quem inhabitamus, Elementis undique circumfufus eft, & in fuperficie tria fic dicta *Naturæ Regna* continet: LAPIDEUM, quod cruftam globi noftri conftituit, VEGETABILE, quod venuftat faciem, & alimentum maximam partem haurit e regno Lapideo; nec non ANIMALE, quod a Regno Vegetabili fuftentatur. Sic Naturæ Regna fuperficiem globi noftri tegunt, ornant, mutant.

CENTRUM globi terraquei fruftraneo inquirere labore, noftrum non erit; qui hypothefes velit, adeat *Cartefium, Helmontium, Kircherum,* alios. Nos externa, eademque oculis obverfantia rimabimur.

STRATA Terræ & montium, quantum huc ufque luftrare licuerit, eorundem fupremum conftat *Saxo,* proximum *Schifto,* tertium *Marmore* petrificatis impleto, quartum iterum *Schifto* & infimum tandem *Cote: a)*

TELLUS habitabilis, licet variis inæqualitatibus excavata, ubique tamen in comparatione ad aquam elevata, & quo a mari remotior, eo etiam plerumque altior exiftit; fic aquæ in locis depreffioribus non quiefcunt, nifi altiora loca feu obftacula impediant, & lacus aut paludes efficiant.

MARE continentem cingit, partemque fuperficiei Telluris potiorem conftituit, docente Geographia; quid? quod longe majorem partem idem olim occupaffe, inculcent annua ejus decrementa, nec non rudera fluctuantis aquæ, conchæ, ftrata, reliqua.

                     A 2   LI-

a) it. W-Got. p. 77.

LITORA repleri folent demortuis *Teftaceis*, *Lithophytis*, *Fucis* fimilibusque, quæ e mari quotannis rejiciuntur; cumulantur itidem fabulo, arena, lapillis, aliarumque rerum haud vulgarium congerie. Fit quoque, dum amnes per anguftas convalles rapidiores dilabuntur, ut latera arrodant, ficque corruat terra friabilis mollisque, & ruinæ ab aquis deducantur ad litora diffita & finuofa, unde fubfidente mari, continentem terram haud parva incrementa fœnerari, conftat.

PLUVIAS terram humectantes fuppeditant nebulæ ex maris præfertim, ut & aquarum reliquarum, nec non terræ humidæ exhalationibus collectæ, inque inferiori atmosphæræ regione condenfatæ; cum autem nebulæ ab altioribus terræ locis & montibus attrahantur, *b)* neceffe eft ut, quemadmodum etjam par eft, major aquæ copia eminentia, quam depreffa irriget territoria.

FONTES, qui circa radices montium communiffime erumpunt, ex hac ipfa pluviarum aqua, ut & ex ipfis vaporibus condenfatis, per cavernas & interftitia faxorum ingredientibus, inque cavitates receptis, oriuntur. Hi colatam & puram præbent aquam, quæ raro æftate exficcatur, aut hieme concrefcit, ut potus femper fuppeditetur, animalibus reficiendis aptus.

FLUVIORUM primi ortus funt fontes & rivuli, in amnes fenfim fenfimque coeuntes; quorum multiplici conjugio fluvii gignuntur & poft diverfos concurfus in vafta demum flumina abeunt, quæ nec prius fubfiftunt, quam, ad mare pertingentia, conjunctas ibi moles, una cum peregrinis & terris quibuscunque abductis, placito curfu exonerent. Ita per circulum eo redit aqua, unde primam traxit originem, ut eandem iterum fcenam ludat. PA-

b) Ir. *Weftgoth.* p. 70.

PALUDES, ex retenta aqua in locis depreſſioribus ortæ, humo copioſa impletæ ſunt, cujus originem ſi quæras, plerumque aut aquarum ex altioribus locis defluentium beneficio huc advectam eſſe deprehendes, aut ex plantis, in paludibus putrefactis, productam.

PRATA nova ex paludibus exſiccatis generari haud raro experimur; id vero ut eo citius fiat, fundamentum ſternit *Sphagnum Flor. Svec. 864*, quod temporis ſucceſſu tranſit in humum poroſiſſimam, quoad tota fere palus eadem repleta ſit. Hoc facto *Scirpus, Fl. Sv. 41*, radices demum agit, & una cum *Eriophoris* turfas eo modo elevatas conſtituit, ut radices magis magisque eleventur & firmius ſic fundamentum pro aliis naſcendis plantis reddant, quoad tota palus in amœniſſimum pratum immutetur c); præſertim ſi aquæ exitum patentiorem ſibi elaboraverit.

TUBERA, in ejusmodi locis depreſſis copioſiſſima, eadem elevant, idque efficiunt, ut terra quotannis plus juſto, nec ſine colonorum tædio accreſcere videatur; ſed eſt hoc tamen, in quo ſumma naturæ induſtria obſervari meretur. Namque dum replentur hiſce tuberibus loca depreſſa, annuis aquarum diluviis inundata, in læta prata & paſcua citius tranſeunt territoria, paulo ante infœcunda & ſterilia. Generari ejusmodi tubera a Formicis, lapidibus aut radicibus obtectis, fruticibus, calcitrationibus pecorum, conſtat; primaria tamen cauſſa a frigoris hiemalis vi eſt deducenda d), quæ vere ita elevat radices, ut aëri expoſitæ accreſcant, pereant, quo facto *Polytricha* loca vacua replent.

MON!

c) *Fl. lapp. 20. 7.* d) *It. Gotl. 2. 148.*

MONTES, Tumuli, Convalles & omnes inæquali-
tates terræ, licet ornamento telluris multum detrahere
nonnullis visæ sint, tantum tamen abest ut id efficiant, quin potius & jucundiorem aspectum & multum utilitatis ei concilient, eo quod inde ejus super-
ficies latioribus pateat spatiis: quod plantæ diversæ fe-
licius crescant atque facilius irrigentur, quodque aquæ
per pluvias delapsæ continuo cursu per flumina ad
mare decurrere possint, ut ceteras utilitates ratione
ventorum, caloris & frigoris reticeam.

ALPES sunt montes altissimi, qui secundam ae-
ris regionem attingunt, in quibus arbores erectæ suc-
crescere nequeunt Quo autem altiores, eo etjam, ceteris paribus, frigidiores sunt e). Hinc Alpes in Sve-
cia, Sibiria, Helvetia, Peru, Brassilia, Armenia, A-
sia, Africa, frigidissima nive perennant, quæ quasi con-
creta glacies vix unquam solvitur. Si autem calorem
æstas excitaverit intensiorem, pars aliqua hujus mo-
lis liquescit, perque fluvios delabitur ad loca inferio-
ra, quæ hujusmodi aquæ beneficio reficiuntur & re-
focillantur.

RUPES & Saxa, super terram disperla, olim in
terra & ex terra coaluisse, dubium vix superest: cum
vero irruentes imbres solubilem terram facili negotio diluerint atque ex altioribus locis versus depressa
deduxerint; hinc factum autumamus, ut solida illa
& graviora corpora, terrestri pulvere nudata, super
terram relicta jaceant; ut taceamus mirabiles flu-
ctuum effectus, ceu ad litora fieri hodienum videmus,
quæ interdiu noctuque repetitis ictibus lacessuntur,
fatiscunt. Hinc videmus plerisque in locis rudera maris & litorum.

HIEMS

e) Fl. Lapp. præf.).

HIEMS suo gelu præparat terram & humum, quæ inde in moleculas minutissimas comminuitur, eaque ratione quasi sopita, alimento plantarum accommodatior evadit: immo nive semina & radices plantarum obtegit & sic frigore a frigoris vi defendit. Mitto, quod frigus temperet puramque efficiat atmosphæram & aquam putridam, ut animalibus magis salutaris reddatur.

CALORIS frigorisque perpetua apud nos vicissitudo gratiores æstates subministrat: & quamvis hiems varias quidem e nostris terris plantas variaque animalia pellat; tamen perpetua æstas inter Tropicos non multo gratior est, quippe quæ nimio æstu homines & animalia sæpe prosternit, licet fructibus desideratissimis istæ regiones abundent. Nostræ quidem hiemes, quantumvis magnam orbis partem implacabili rigore vexent, minus tamen borealium accolis ipsas nocere, loquitur experientia. Hinc per totum orbem satis commode vivitur, quum varia tellus vario naturæ beneficio quaquaversum perfruatur.

TEMPORA, sicut omnia suis vicissitudinibus obnoxia sunt, sua habent initia, faciunt progressiones & extremos attingunt fines. *Ætas hominis* ab ipsis incipit incunabulis; grata subsequitur *pueritia*, fervidam *juventutem* excipit *virilitas* firma, severa, suæque conservationi intenta, usque dum *senectus* debilitet, & nutantia corpora penitus destruat. ANNI partes eandem scenam ludunt. *Ver*, ludibunda illa omnium viventium infantia, pueritiam & juventutem repræsentat: Namque hoc tempore plantæ suis floribus superbiunt, pisces exsultant, aves cantillant, pleraque venere turgescunt. *Æstas*, mediæ ætati similis, plantas & viridantes undique arbores com-

mon-

monftrat: animalibus vigorem conciliat, eaque obefio-
ra reddit: immo fructus tunc maturefcunt, prata ri-
dent, cetera vigent. *Autumnus* contra funeftus eft,
quippe quo arborum folia decidunt, plantæ marce-
fcunt, Infecta fopore corripiuntur & animalium multa in confveta hibernacula femet recipiunt. DIES,
quorfum ruit annus, eodem paffu ambulat: *Tempus
matutinum* omnia promtiora efficit, & muneribus ob-
eundis reddit alacriora. Sol rutilantes radios fpar-
git; flores quos nocturnus quafi fopor occupaverat,
denuo evigilantes expanduntur; Aves fonoris voci-
bus atque multiplici concentu filvas perfonantes reddunt, quo ipfo, horis veneri dicatis, in numerofa
convocantur examina. *Meridies* animalia in pafcua
& campos elicit, utque corpora curent fvadet æ-
ftus, urget neceffitas. *Vefpera* fubfequitur, o-
mniaque & fingula efficit fegniora: flores connivent,
& animalia fuas latebras repetunt. Sic vernum tempus, matutina hora, noftraque juvenilis ætas ad *generationem* quadrant: Æftas, meridies & virilis toga cum
confervatione conveniunt: autumnus vero, vefpera &
triftis fenectus *deftructioni* haud inepte affimilantur.

§. III.
REGNUM LAPIDEUM.
Propagatio.

LAPIDES organica non effe corpora, uti Plantæ
& Animalia, cuique conftat, adeoque nec generari ex
ovo, uti reliquorum regnorum familiæ, perfpicuum
eft, fed fucceffiva particularum appofitione connexio-
neque. Hinc tam infinitæ lapidum varietates pro-
ftant, quam eft coalefcentium particularum multiplex
diverfitas, unde nec tam diftinctæ fpecies obtinent in
regno Lapideo ac in duobus reliquis. Hinc genera-
                                                    tionis

tionis leges in hoc regno omni ævo habitæ fuerunt explicatu longe difficillimæ; hinc tot opinionum divortia nullo non tempore tam innumera, ut iis recensendis nec dies nec pagina sufficeret. Nos itaque in præsenti negotio contenti erimus, paucissimas hac de re observationes adferre:

ARGILLAM sedimentum maris esse, evincunt observata, quare etjam plerumque in litora copiose congesta reperitur.

ARENAM copiosissimam & tenuissimam in plerisque locis tegere fundum maris, constat ex nautarum diariis, nec dubium quin ex aqua sæpiuscule crystallicetur.

TESTACEA & *Lithophyta* viva animalia fuisse omnibus hodie in confesso est, eorumque calcareæ indolis testas adjacentem argillam, arenam vel humum in substantiam calcaream immutare visum est *a*). *Marmora* hinc e petrificatis generari posse dubium non superest, quare etjam petrificatis haud raro referta conspiciuntur.

SAXA, rupium nostratum frequentissima materies, ex *argilla arenacea sabulosaque* S. N. 49: 9, conflata videmus; id vero frequentius contingit, ubi terra particulis ferreis imprægnata est.

COS ex arena coalescit, quoque profundiori loco, eo reperitur compactior; adeoque quo densior arena, eo facilius concrescit; si vero *Argilla calcarea* S. N. 49: 1. accedat, multo promtior existit ejus generatio *b*), uti in *Cote friabili, particulis argilloso glareosis* S. N. 1: 1.

SILEX *cretaceus vagus* S. N. 7: 1. fere unicus lapis in montibus cretaceis & frequentissimus; videtur itaque

B

a) D. Gottl. p. 191: W. Got. 87.   *b*) It. Gottl. p.

itaque ex *Creta* ortus; utrum vero iterum in cretam
reducatur, aliis relinquimus inquirendum.

STALACTITES S. N. 33. 1. fit ex particulis cal-
careis corpori ficco, plerumque vegetabili adnafcen-
tibus. *a*)

TOPHUS S. N. 32: 5, 6, 7, 8. fæpe genera-
tur, ubi aqua vitriolacea connectit particulas argilla-
ceas & terreftres.

SCHISTUM ex humo paluftri originem ducere
fvadent vegetabilia, quæ huic fæpius inclufa repe-
riuntur.

METALLA mutari folent pro ratione matricis
cui inhærent e. g. PYRITES *cupri Fahlunenfis* continet paffim Sulphur, Arfenicum, Ferrum, Cuprum,
Auri parum, Vitriolum, Alumen, haud raro Galenam
plumbi cum Argento, & Sterile nigrum cum Zinco.
Sic Aurum, Cuprum, Ferrum, Zincum, Arfenicum,
Pyrites, Vitriolum ex eadem vena prodeunt. Ferri
minera ditiffima, ad ferri fodinam *Normark* Verme-
landiæ vifa eft, quæ, ubi diffecabatur transverfali vena argillacea, mutata erat in argentum nudum *b*). Quot
itaque funt terrarum lapidumque genera diverfimode
inter fe unita & commixta, tot etjam prodeunt in
Regno Lapideo fpecies vel varietates, ufibus variis pro
cujusvis indole ac natura, inferviture.

§. LV.
Confervatio.

Quemadmodum vita & organifmo deftituuntur lapides, &duriores funt, nec putredini aut acefcentiæ
obnoxii, fic etjam præ ceteris omnibus diutiffime per-
durant. Hanc in rem quantum conferat aer facile in-
telligitur, qui in fuperficie terræ varios lapides indurat,
quo ipfo redduntur folidiores, compactiores & contra
temporis injurias multo conftantiores. Sic *Calcarii*
lapides

a) It. Gottl. 337. *b*) It. W. Gotb. 253.

lapides, fub dio diutius existentes, duriores evadunt, id quod ex observationibus vulgi notissimum c). *Marga Cretacea*, ex qua lapides ad exstruenda Flandriæ ædificia eruuntur, quamdiu in fodina maneat, friabilis est; inde vero producta atque libero aëri exposita, fenfim fenfimque indurescit. *Muri noftri & arces vetuftiores* pari ratione firmitudinem fuam, temporis fucceffu nancifcuntur, quare majores noftros in arte murorum exftruendorum hodiernis artificibus præftitiffe, perperam vulgo creditum eft.

Cauffa utut etiamnum lateat, cur findantur paffim prægrandes petræ rupesque, unde non raro ingentia divelluntur fragmenta, id tamen obfervatum eft, ab intercedente aqua in iisdem retenta concrefcere fiffuras, & *Quartzo* aut *Spato* confolidari. Hinc *Quartzum* vix alicubi reperies nifi in illis lapidibus, qui aquam particulis lapideis inquinatam, aliquamdiu intra fuas rimas retinuerunt. *Cryftalli* haud abfimili ratione cavitates in fodinis replent, inque *Quartzum* concrefcunt.

Lapides quotannis non tantum ex crufta mufcis inducta generari, accrefcere & mutari, fed etiam ex *Quartzo* & *Spato* augeri, manifeftum eft; ut cæceam terram adjacentem, præfertim fi particulis ferreis impregnata fuerit, in confiftentem lapidem communiter immutari. *Marmoreos montes* in Italia, intra ipfius terræ gremium, unde fragmenta excifa fuerunt, iterum adaugeri perhibetur d). *Mineræ* paulatim accrefcunt, quoties particulæ minerales, mediante aqua per montium cryptas transvectæ, fiffuris ipfarum retinentur, adeo ut materiæ homogeneæ diutius adhærendo, tandem ejus naturam adoptent inque confimilem fubftantiam transmutentur.

B 2   §. V.

§. V.

Destructio.

Lapides, licet corpora sint durissima, tamen destructionis legibus æque ac reliqua corpora creata subjecti deprehenduntur. Solvuntur enim ab elementis vario modo vim suam in illos exercentibus, uti aqua, aëre, radiisque solaribus, nec non mediante rapiditate fluviorum & cataractarum violentia, quarum voragines, ut & continuati aquarum impetus, ab alveorum præcipitiis incitati, durissimas rupes in pulverem redigunt. Maris & lacuum agitationes fluctuumque sævitia, turbulentioribus ventis excitata, lapillos comminuunt, id quod lapidum juxta litorum rotunditas haud ambigue arguit. Quin immo ipsa *gutta cavat lapides, non vi sed sæpe cadendo*: ita ut mirari non conveniat, transire hæc durissima corpora in pulverem, & temporis edacitati una cum reliquis esse obnoxia.

Arena redditur ex *Cote*, quæ destruitur partim gelu, quod eandem friabilem reddit, partim aquarum fluctuumque agitatione, qua id, quod gelu friabile evaserat, facile atteritur, solvitur, inque minutissimas particulas redigitur.

Creta terrestris S. N. 48: 3, 4. fit ex marmore rudi, quod solverat aër, aqua, sol & ventus, uti patet ex Gottlandia *a*).

Humus Schisti S. N. 51: I. originem debet schisto, imbribus, aëre, geluque soluto *b*).

Ochra fit ex metallis solutis, quorum residuum eosdem colores induit, quibus mineram aëri expositam tinctam esse ubicunque deprehendimus. *Vitriola* pari modo ex destructis mineris aquam intrant.

Muriæ

a) It. Goth. 172. b) It. W. Got. 92.

Muria, *fielfret-ften*, S. N. 14. 6. qua partes fol
obverfas folvitur in fabulum, quod in terram paulatim
decidit, donec totum eadem deftructionis methodo in-
terierit c), ut plures taceam. Tandem ex his nova,
quam diximus, exiftit lapidum generatio, adeo ut u-
nius deftructio alterius reftaurationi femper inferviat.

Teftacei vermes, nec hoc loco prætereundi, qui
ipfas petras duriffimas arrodunt. *Conchæ fpecies Solen*
dicta lapides in Italia perforat & fe intra iftos recon-
dit, adeo ut homines, antequam animalcula illa pro
cibo obtineant, lapides diffringere teneantur. *Cochleæ*
Faun. Svec. 1298. in præruptis rupibus degens, exe-
dit & perterebrat montes calcareos, uti vermes li-
gnis depafcuntur, quod nuper conftitit ex obfervatio-
nibus Illuftris *De Geer.*

§. VI.
REGNUM VEGETABILE
Propagatio.

PLANTAS omnes corpora organica & viva es-
fe, fatis fuperque evincit earum anatomia. Corpora vero omnia organica ex ovo propagari, recentio-
rum detexit induftria. Generationem itaque plantarum æquivocam, eo potius unanimi fapientum confilio
rejicimus, quo certius conftat omne vivum ex ovo pro-
venire. Ova autem Regni Vegetabilis femina dicuntur,
quæ unicuique plantæ & arbori propria funt, ut fcilicet
iisdem mediantibus fpeciem fuam multiplicent & fubolem
parenti fimilem procreent. Non quidem negamus, quod
plurimæ plantæ ex radicibus novos furculos per duos
vel plures annos protrudant; immo haud paucæ per
ramos, germina, ftolones & folia terræ infixa propagari poffint, uti arborum plurimæ, quarum caulis in

ra-

c) It. Gotl. 262.

ramos diffusus hinc aliud dici nequit, quam radix supra terram elevata, propterea quod pari ratione radix in plures furculos subter terram prorepat., idque eo magis quod arborem inverso omnino situ crescere posse novimus., si nimirum rami radicis sursum vertuntur, panicula vero deorsum, ut hæc in terra sepeliatur: hinc enim fit, ut rami in radices commutentur, radices vero folia & flores producant: exempli loco fit *Tilia*, circa quam hortulani hoc præsertim experimentum instituere solent. Hoc tamen immotam illam veritatem, quæ omnia vegetabilia per femina propagari inculcat, eo minus evertit., quo magis patet hæc omnia esse partes plantæ ex semine olim productas; adeo ut accurate loquendo nunquam sine semine nova proveniat planta *a*). Sic plantæ semina quidem producunt; ea vero ad speciem suam propagandam omnino inepta esse., nisi antecesserit FOECUNDATIO, quæ mutuo inter diversos sexus connubia absolvitur, abunde loquitur experientia. Ergo plantæ suis etjam organis genitalibus instruantur necesse est, qua in re analogia cum animalibus obtinet. Quoniam in omni planta flores semper antecedunt fructus, inque iis semina fœcundata emergere visum est, patet in floribus contineri partes genitales, quæ *antheræ* & *stigmata* dicuntur, sicque etjam intra flores fœcundationem absolvi. Fit vero hæc mediante pollinis antherarum illapsu super humida stigmata, ubi pollen adhæret, rumpitur & efflat materiam tenuissimam, quæ absorbetur per *stylum* & ad seminum rudimenta defertur, ut hæc ea ratione fœcunda reddantur. Hoc facto partes genitales marcescunt, cadunt, immo totius floris mox subsequitur immutatio. Observare tamen licet, in Regno vegetabili non semper unum eundemque

a) Browallii Exam. Epicrif. Siegesb. p. 13.

demque florem continere organa genitalia utriusque
sexus, sed saepe in uno thalamo tantum marem & in
altero feminam in eadem vel diversa planta adesse.

Ut autem rite procedat negotium hoc foecundationis, utque nulla planta polline, huic rei inser-
viente, frustretur, totus in omni flore eo collineat
apparatus antherarum & stigmatum elegantissimus. In
plerisque enim floribus stamina circumdant pistilla, ean-
demque ferunt altitudinem, sed dantur quoque multae
plantae ubi pistillum staminibus est longius & in his,
quod mirum! flores fecit Creator nutantes, ut pollen facilius in stigma decidat: e. g. in *Campanula*, *Pri-
mula* &c; venere autem peracta iterum eriguntur, ne
decidant semina matura antequam flatu & ventis di-
spergantur. In aliis vero vicissim pistillum est brevius,
& ibi flores erectum conservant situm, immo flore-
scentia instante eriguntur antea penduli aut aqua submersi. Ubicunque demum flores masculi infra femi-
neos sint collocati, folia acerosa & tenuissima sunt,
ne impediant quo minus pollen instar fumi sursum
volitet; uti cernimus in *Pino*, *Abiete*, *Taxo*, *Ephe-
dra*, *Junipero*, *Cupresso*. Et ubi in una eademque
specie altera planta mas, altera femina est, spatio a-
liquo disjunctae, ibi pollen, sine quo foecundatio nulla, uberrim ope venti a mare ad feminam defertur,
ut in tota classe *Dioeciae*. Difficilior autem foecundatio individuorum longaevitate compensatur, vitaeque
per germina, stolones & radices continuatione *a*),
ut omnia circa hanc rem sapientissime disposita videamus. Porro mirabundi conspicimus, quod plerique
flores splendente sole sese expandant, ingruente vero
nimbo, pluvia, noctuque conniveant, ne ab aqua, fa-
rina

a) *Broш. Ec. Epist. p. 10.*

rina genitalis coaguletur vel inutilis reddatur, quo
minus ad stigmata efflari queat; at mirum! stigmate
foecundato, nec vespere, nec pluvia ingruente sese
contrahunt flores. — Hinc quando multum pluviae sub
florescentiae tempore cadit, haud immerito annonae ca-
ritatem augurantur agricolæ & hortulani. Hæc o-
mnia pluribus egregiis exemplis illustrare possem, nisi eadem materia nuper pro dignitate ex hac cathe-
dra fuisset exposita *b*). Meminisse tantum insuper ju-
vat, quod plantarum genitalia, quæ in Regno Ani-
mali, utpote fere pudenda, plerumque a natura absconduntur, in Regno Vegetabili omnium oculis ex-
ponantur, & quando hæ celebrantur nuptiæ, mirum
est, quantas delicias afferant spectatori, dum colore
gratissimo & odore jucundissimo sensus reficiunt o-
mnium. Quid? quod eodem tempore ex florum ne-
ctariis mel hauriunt *apes*, *muscæ*, aliaque Insecta, ut *Tro-
chilum* taceam, & ex eorum polline ceram colligunt
itidem *apes*.

§. VII.

DISSEMINATIO seminum, postquam ad maturitatem pervenerunt, sicut maxime necessaria, quippe
sine qua nulla subsequeretur messis, sic etjam naturæ
auctor huic rei peragendæ, multis immo infinitis modis sapientissime prospexit. Huic scilicet negotio fa-
vent *Pedunculi & Caules*, qui fructum plerumque a
terra elevant, ut quassantes venti matura semina la-
te dispergere possint. *Pericarpia* pleraque sese sum-
mitatibus claudunt, ne decidant semina antequam matura a procellis ejiciantur. *Alæ* multis seminibus datæ
sunt, quarum auxilio longe a matre evolant, & sæpe
totam

b) In *Diss. J. G. Wahlbom de Sponsal. Plantarum.*

totam regionem peragrant. Alæ autem hæ vel pappo constant, ut in plantis plerisque compositis, vel membrana, ut in *Betula*, *Alno*, *Fraxino* &c. Hinc silvæ,
incendio vel alio modo consumtæ, novis plantis brevi
disseminatis denuo impleri possunt, quæ alias steriles
campos haberent. *Elasticitate* notabili multi fructus
gaudent, vi cujus, matura pericarpia, semina longe
projiciunt, ut *Oxalis*, *Euphorbiæ*, *Phyllanthus*, *Dicta-
mnus*. *Hispida & hamis quasi instructa* sunt alia semina aut pericarpia; hinc ejusmodi semina prætereuntibus animalibus adhærere possunt, iisque mediantibus
usque ad eorum cubilia duci, ubi & seruntur &
stercorantur, mira naturæ cura, quare etjam horum
seminum plantæ crescunt, ubi aliæ recusant, ut *Cyno-
glossum*, *Agrimonia* &c.

Baccæ & pericarpia dantur in plurimis plantis à
natura in alimentum animalibus concessa, ea vero con-
ditione, ut dum pulpam edunt, semina deinceps
ferant; nam cum baccarum pulpam devorant, semina
aut simul dispergunt, aut deglutita duplici deinde fœ-
nore reddunt, quoniam, si integra ventriculum intrant, illæsa semper exeunt. Hinc non mirum, quod,
si recenti fimo vel stercore non putrefacto saturetur
ager, simul cum frumento sato variæ aliæ excrescant
plantæ, quæ agricolis molestiam facescunt. *Hordeum*
aut *Secale* satum, commutatum fuisse in *avenam*, licet omnis ejusmodi metamorphosis legibus generationis repugnet, existimarunt multi, non perpen-
dentes aliam hujus rei subesse caussam, quod scilicet ager equi stercore pinguefactus sit, in quo semina avenæ, integra ex equo egressa, latitant &
avenam propagant. *Viscum* semper in aliis arboribus nascitur ex eo, quod *Turdi* Fn. 189. semi-
C   na

na edentes ea cum ftercore ibi deponant; & quoniam
ex hoc eodem vifco gluten deinceps conficiant au-
cupes, quod arborum ramis illinunt, unde poftea e-
adem avis ramo adhærens captatur, invaluit exinde
proverbium: *Turdus fibimetipfi malum cacat.* *Juni-
peros* plerasque filvas noftras implentes ex *turdis* quoque, aliisque avibus, poftquam tubam inteftinalem eorum permearunt femina, fatas effe, dubium vix eft,
cum baccæ ponderofæ a ventis longe difpergi nequeant. *Loxia* Fn. 177. ftrobilis Abietis & *Coccothrau-
ftes* Fn. 176. ftrobilis *Pini* victitant s, fimul multa
femina ferunt, præfertim cum conum in lapidem vel
truncum portent, ut eum eo facilius defquament; *Sues*
vero terram fodendo & *Talpa* tumulos ejiciendo,
aratoris more, feminibus fæpe paratum agrum præbent.
Cætera taceo, quæ deinceps dici poffent de mari, la-
cubus & fluviis, quorum beneficio femina illæfa in
diffitas regiones fæpe feruntur, nec commemoro
quam variis aliis modis natura plantarum diffemina-
tionem promoveat, cum hoc pluribus demonftratum
fit in *Cel. Præf. oratione de Telluris habitabilis in-
cremento.*

§. VIII.
Confervatio.

Decrevit fummus rerum Stator & Seminator, ut
univerfa terra plantis referta effet, ficque ut nullus
locus effet vacuus, fterilis nullus. Quoniam vero
non omnes regiones easdem habeant tempeftatum mu-
tationes, nec omne folum fingulis plantis fovendis
æque fit aptum; idcirco, ut in omnibus locis plantæ nafcerentur, cuilibet talem impifit naturam, qualis
climati potiffimum & foli effet conveniens, ita ut aliæ
intenfum perferre poffint frigus, aliæ calorem, aliæ
loca arida ament, aliæ aquofa, & fic porro. Hinc
eædem

eædem plantæ tantum crefcunt, ubi eædem exiftunt
anni tempeftates, idemque folum.

ALPINÆ *plantæ* non nifi in altis & frigidis vivunt locis. Hinc fæpius in *Alpibus Armeniæ, Helve-
tiæ, Pyreneis* &c. quarum vertices æque æternis nivibus teguntur ac alpium Lapponicarum, ejusdem etjam
generis plantæ offenduntur, quas extra alpes haud facile quæras. Id vero præcipue notatu dignum eft circa plantas alpinas, quod cito floreant fuaque femina
maturent citiffime, ne hiems florefcentiam inopina-
te obrepat & deftruat a).

SEPTENTRIONALES noftræ plantæ, licet ali-
bi rariffime occurrant, in Siberia tamen & circa fi-
num Hudfonis inveniuntur, ut *Arbutus* Fl. 339. *Ru-
bus* 411. *Pyrolæ.* &c.

TORRIDAS Zonas incolunt plantæ frigoris im-
patientes; hinc in utraque India fæpe communes
crefcunt plantæ, licet regiones fint maxime diftantes:
Caput B. fpei nefcio quam ob cauffam fere proprias a-
lat; uti *Mefembryanthema* omnia & *Aloës* fpecies fere omnes. *Gramina*, inter plantas frequentiffima, quamcunque fere aëris temperiem perpeti poffunt, qua in
re optime provifum eft a Creatore, quippe quod per
totum orbem pecorum fuftentationi maxime funt neceffaria, quæ ratio etjam valet circa *frumenta* noftra
maxime vulgaria.

Sic nec urens fol, nec gelida bruma impediunt,
quo minus omnes regiones fua proferant vegetebilia.
Nec ullum denique folum exiftit, quod non horum
geftat varia & diverfa. Sic *aquas* inhabitant *Pota-
mogetones, Nymphæa, Lobeliæ.* Fluvia & maris fundum tegunt *Fluviales, Fuci, Conferva.* Paludes *Sphagna*
implent, campos *Brya* veftiunt, Silvæ aridiffimæ nec
non

C 2

a) *Fl. Lapp. proleg.* 16.

non loca a folis radiis vix unquam illuftrata *Hyphis*
b) ornantur. Immo lapides & trunci arborum non
excipiuntur, quin variis *Lichenibus* operiantur.

DESERTA & maxime arenofa loca fuas proprias fuftinent arbores & plantas; & cum in his locis aqua nonnifi rariffime reperiatur, mirari fane convenit, quod multæ harum aquas exftillantes porrigant,
quæ migrantibus hominibus non minus quam feris
maximo funt folatio, quum fitim egregie exftinguant,
qua alias perirent. Sic *Tillandfia*, planta parafitica,
in fummis arboribus Americæ defertorum crefcens,
foliis ad bafin in urceolum congeftis, apice vero
expanfis, quibus pluviam colligunt, inqve urceolo fer-
vant defiderantibus hominibus, avibus, Feris. *Nepen-
thes* in Zeylona profert utriculos cylindricos opercu-
lo claufos, intra quos fecernit aquam puriffimam &
refrigerantem, quam homines aliaque animalia gra-
tiffimi nectaris inftar hauriunt. *Ari* fpecies in Gallia
æquinoctiali, e ramis fractis aquæ puriffimæ libram ex-
ftillat, eidem fini infervientem. En! quam fapiens,
quamque apta eft harmonia inter regionis cujusque
plantas & incolas reliquasque circumftantias.

§. IX.

Plantæ fua ipfæmet STRUCTURA fæpe ad confervationem fui & aliarum plantarum ex ordinatione
divina infigniter concurrunt. Aft vero maxime fapientia fummi Numinis circa modum ARBORUM cre-
fcendi elucefcit, dum enim harum radices profundius
defcendunt, quam reliquarum plantarum, inde cautum
eft, ne illæ aliis herbis alimentum nimis fuffurentur.
Sed quid magis? *Caulis* fæpe non ultra fpithamam latus in altum attollit ramos, haud raro gerentes plura
mil-

b) It. W-Goth. 114.

millia gemmarum, quæ singulæ totidem constituunt herbas cum foliis, floribus & stipulis. Hæ omnes si in campo crescerent, spatium millies supergrediens illud, quod arbor nunc replet, occuparent, adeoque vix locus in terra sufficeret tot plantis gerendis, quot jam arbores præstant. Præterea plantæ tali ratione e- natæ, naturæ quasi sepimento a pecoribus eo facilius conservantur, unde ulterius fit, ut folia earum autu- mno decidua, adstantes plantas tegere & contra fri- goris vim defendere: æstate vero placidam umbram non tantum animalibus, sed & herbis circumstantibus contra intensos solis radios præbere possint; accedit, quod arbores sicut omnia vegetabilia aquam e terra hauriant, quæ non per circulum, uti veteres statue- runt ad radices descendit, sed per transpirationem fo- liorum, instar pluviæ invisibilis dispersa, juxta nascen- tes plantas humectat. Pleræque demum arbores fru- ctus ferunt carnosos, baccas vel poma, quæ ab in- sultu pecorum intacta maturescunt, eo quod non æ- que facile ab iis attingantur, ac si in planitie terræ crescerent, adeoque fructus maturi in usum homi- num & animalium cedere, semina vero animalium o- pe dispergi possunt. Insuper in earum foliis ova sua potissimum deponunt Insecta, ut arborum structura eo- rum quoque propagationi inserviat.

SEMPERVIRENTES arbores & frutices in steri- lissimis silvis plerumque apud nos degunt, ut hiber- nacula sint animalibus: folia tertio tantum quovis an- no deponunt, cum ipsis ad tegumentum non egeant semina a Muscis satis custodita. Palmæ vero in ca- lidis regionibus folia perpetuo retinent, quippe quo- rum auxilium ad seminum a frigore conservationem, illis in locis haud necessarium.

SPE-

SPINOSÆ sunt multæ plantæ & frutices, e. g. Rhamnus, *Prunus*, *Carduus*, *Onopordon* &c. ut suis spinis animalia arceant, quæ alias earum fructus facile destruerent. Hæ simul sub suo sinu varias alias plantas, præsertim annuas recondunt, ut, dum campi adjacentes animalium voracitate, plantis omnibus spoliati sunt, nonnullæ sub spinis conserventur, quæ flores fructusque maturant & seminibus suis loca adjacentia ferunt, ne penitus exstirpentur.

HERBÆ omnes foliis suis terram tegunt, suaque adeo umbra efficiunt, ut humor aqueus, unde ipsæmet alantur, haud facile solis æstu exsiccetur; immo etjam ornamento sunt terræ, præsertim cum folia in superiori parte, virore semper magis grato ludant ac in inferiori.

MUSCI, qui loca sterilissima ornant, simul minores plantas, quæ germinare coeperunt, a frigore & siccitate conservant, ut etjam videmus in hortis nostris, plantas ab hiemis violentia, illorum ope optime defendi: quid? quod prohibent quoque, ne humus cruda & rudis vere radices plantarum explodat, præsertim cum illa quovis vere, gelu remittente, truncos aliaque in terræ gremio recondita, super terram elevare soleat. Hinc in calidis regionibus paucissimi crescunt musci, quasi fini huic ibi non adeo necessarii.

ARUNDO *arenaria* Fl. Suec. 102. terram quamcunque respuit, excepta sola arena, quam ipsi propriam destinavit Natura. *Arena mobilis* S. N. 50: 3. maris filia, ventis sæpe defertur ad loca remotissima, sylvas camposque inundans; at vero ubi hoc gramen accedit, arenam mox retinet, in tumulos colligit & tam læte crescit, ut unico individuo mediante, integer arenæ mons tandem conficiatur; sic coercetur arena, liberan-

tantur ceteræ plantæ, augetur terra, repellitur mare;
mira naturæ dispositione a).

De*Graminum* conservatione quam sollicita sit natura,
satis exinde patet, quod quo magis graminum peren-
nium folia absumantur, eo plus radicibus repant &
stolones emittant. Voluit namque Naturæ Conditor,
ut hujus generis vegetabilia, quæ foliis tenuissimis
ac erectis gaudent, copiosissime & densissime,
strati instar terram tegendo, crescerent, adeoque alimentum præberent sufficiens tam insigni animalium
phytivororum copiæ. Ast, admirationem præcipue
auget, quod etsi gramina princeps pabulum sint animalibus herbivoris, nihilo tamen minus culmos flori-
feros & seminiferos, dum in pascua aguntur, intactos
plerumque relinquere coguntur, ut libere maturescant
semina & disseminentur.

Phalena Larva Fn. 826 *Græsmasken*, licet gramina cum magna horum jactura in pratis depascatur,
facta tamen videtur ad justam graminum inter ceteras plantas proportionem servandam, nam gramina
suæ in crescendo libertati relicta, tanta copia augentur, ut alias plantas excludant, quæ ea propter facile
exstirparentur, nisi hic vermis interdum illis locum
pararet. Hinc plures semper visæ sunt Herbarum
species eo in loco, ubi proximo antecedente anno
Larva pascua devastaverit, quam unquam antea.

§. X.
Destructio.

Plantas omnes, perinde ac reliqua viventia sua
demum subire fata, quotidiana loquitur experientia. O-
riuntur, accrescunt, florent, fructum maturant, flac-
cescunt & tandem vitæ curriculum emensæ moriun-
tur, inque Humum redeunt, unde primos duxerunt
ortus. Sic humus omnis atra, quæ terram ubique te-

a) *It. Gotl.* 205.   git,

git, maximam partem vegetabilibus demortuis originem debet. Radices namque omnes, ramis suis in
terram & sabulum descendunt, & postquam caulem
amisit planta, remanet quidem radix, sed quæ tandem
putrescit & in humum abit; quo fit ut ejusmodi humus naturæ beneficio misceatur sabulo, eodem fere
modo, quo agricolæ curâ, stercora agris inducta, a-
ratro cum terra miscentur. Terra hoc jam præpa-
rata modo, plantis denuo e sinu suo sponte offert ac
communicat, quæ ipsa accepit. Semina enim dum
terræ committuntur, subtiliorem hujus humi partem,
cooperantibus sole, aëre, nubibus, pluviis, ventis
secum uniunt, suæ naturæ accommodant & in plantas vertunt, adeo ut altissima licet arbor, aliud dici
nequeat, quam humus cum aëre & aqua mirificè
composita & per vires exiguo semini a Creatore in-
ditas, modificata. Ex his plantis tandem destructis,
talis quidem provenit humus, qualis antea fuerat,
sed ita tamen ut plus inde humi jam sit genitum,
quam quod ante vegetationem in eo loco factam, e-
xistebat. Augent igitur vegetabilia atram humum, unde per orbis durationem immota persistit fertilitas.
Terra enim annuo suo sumtui non sufficere potest,
nisi nova ipsi accedat nutrimenti materia.

Lichenes crustacei primum vegetationis fundamentum sunt, adeoque inter plantas, licet a nobis flocci
sæpius pensi, maximi tamen momenti in hoc Naturæ Oeconomiæ puncto sunt habendi. Quando rupes
primum e mari emergunt, undarum vi ita politæ
sunt, ut fixam sedem in iis vix quidquam herbarum
inveniat, prout ubique juxta mare videre licet *a*);
mox vero incipiunt minimi Lichenes Crustacei has
petras aridissimas tegere, sustentati nonnisi exigua illa

_____

a) It. W-Goth. p. 185.

la humi particularumque imperceptibilium copia, quam secum adduxerunt pluviæ & aër; sed hi Lichenes tandem quoque senio consumti, in terram transeunt tenuissimam. In hac tum *Lichenes imbricati* radices agere possunt; & in his demum putrefactis inque humum mutatis Musci varii, utpote *Hypna*, *Brya*, *Polytricha* locum & nutrimentum postea aptum inveniunt; Ultimo tandem ex his pariter putrefactis, tantam humi copiam genitam cernimus, ut herbæ & arbuscula facili negotio radicari & sustentari queant.

Arbores decisæ & demortuæ, ne diu orbi inutiles & sicut tristia spectacula jaceant, singulari modo earum destructionem accelerat natura. Primum *Lichenes* in his radices agere incipiunt: postea ex illis humores attrahuntur, unde putredo oritur; *Fungi* hinc apta sibi loca inveniunt, unde magis corrumpuntur; ulterius *Dermestes* Tn. 366. inter corticem & lignum vias sibi præparat; *Cerambyces* vero *Apis 1004* & *Cossus 812* truncum adhuc magis, mille perforant foraminibus. Ultimo accedunt *Pici*, qui dum Insecta quærunt, arborem jam putredine correptam comminuunt, quo ad tota in humum abierit. Tantum industriæ in unico trunco destruendo adhibet natura. Immo trunci aquis submersi vix unquam destruerentur, nisi *Teredo navalis* Fn. 1329. suis ictibus id efficeret, quod nautæ suo damno satis superque experti sunt.

§. XI.
REGNUM ANIMALE.
Propagatio.

Generatio Animalium inter omnia, quæ admirationem nostram circa opera Creatoris excitare valent, principem tenet locum. Inprimis vero summa dignæ est attentione illa Creatoris ordinatio, qua foetus conceptio-

D

ceptionem ejusque exclusionem ita instituit, ut cujuscunque animalis indoli ac vivendi generi sit accommodata.

Oestro venereo omnes animalium species flagrare cernimus, qui his inditus est omnibus ac singulis, ut mandatum Creatoris exsequantur: *Crescite & multiplicamini*; sicque ut ovum, in quo rudimentum foetus continetur, foecundatum fiat, sine foecundatione enim ova omnia ad prolem in lucem enitendam inepta sunt. Hocce eodem oestro perciti *Vulpes* & *Lupi* ubique in silvis ululant, *Canes* multi caniculam sequuntur, *Tauri* torvam frontem prae se ferunt, quae in castratis serena redditur. *Cervi* excelsa sua cornua quotannis recuperant, quae post peractam venerem amittunt. *Aves* venustate nitent & per totum fere diem lascivia canunt, adeo ut *Passer* passerem cantu vincat & *Gallus* cum gallo vocis ineat certamen. *Pavones* caudam formosissimam speciosissimamque resumunt. *Pisces* in aqua congregantur & exsultant. *Grylli* & *Cicadae* inter plantas strident & tibias veluti inflant. *Formicae* in colonias quasi & urbes colliguntur. Quae deinceps circa hanc rem dici possunt, brevitati litantes sicco, quod ajunt, pede praeterimus.

§. XII.

Ovum foecundatum calore opus habet certo & proportionato, ad expansionem staminum embryonis. Hic ut obtineatur, variis modis operatur natura, ideoque in diversis animalium classibus, diversam deprehendimus rationem, qua foetus excluditur.

QUADRUPEDIUM feminae utero sunt instructae, quem commode gestare possunt, & sic foetum temperato fovere calore, & commodo sustentare nutri-

trimento, dum earum plereque in telluris superficie
degunt, ibique nutriuntur.

AVES, ob suam sustentationem vitæ, aliasque
prægnantes caussas, locum mutare necessum habent,
idque non pedibus incedendo quatuor, sed Alis aërem secando. His igitur uteri gestatio nimis foret
ponderosa, ea propter ova dura, testa obducta ponunt;
hæc incubando, ex solo naturæ impulsu, tam diu fo-
vent, usque dum pullus in lucem proveniat. *Struthio*
fere inter aves solus ab hac lege recedit, qui ova
sua arenæ concredit, ubi ardor solis intensior illa excludit.

PISCES, aquas incolunt frigidas, ideo frigido plerique gaudent sangvine, quo fit, ut eorum calor ad
foetum producendum minime sufficiat; voluit itaque
providus conditor, ut plerique horum ova sua ad litora, ubi, mediantibus solis radiis, magis tepidæ existunt aquæ, deponant, ibique locum eligant idoneum
in quo eorum ova excludant; idque eo magis, quod
aqua ibi, ut minori salsedine impregnata, mitior sit,
nec non plura Insecta aquatilia cibum recens exclu-
sis pisciculis suppetant. Pariter *Salmones* ova depo-
situri, flumina, ubi aqua est infusa motuque purifica-
ta, ascendere tenentur.

Blennius, Mustela vivipara dictus a) excipiendus,
qui vivos excludit foetus. *Pisces Pelagici*, qui litora
ob longinquum iter attingere nequeunt, nec isti sub-
sunt legi. His enim naturæ Auctor ova natantia con-
cessit, ut inter *Fucum* natantem *Sargazo* dictum, Fl.
Zeyl. 389, excludantur. *Plagiuri* autem *pisces* calido
gaudent sangvine, adeoque etjam vivos producunt pullos, eosdemque uberibus lactant.

D 2

AM-

a) *Will. Ichth.* 122. *Act. Holm.* 1748. p. 73.

AMPHIBIA multa fœtus edunt vivos, utpote viperæ Fn. 160 & *Rana Bufo* dicta &c. Quæ vero oviperæ sunt species, ova ad ejusmodi deponunt loca, ubi solis æstus matris vices suftinet. Sic *Ranæ* reliquæ & *Lacertæ* Fn. 254, 256, 257, in aquis tepefactis, *Natrices* Fn. 259. vero in fimetis aliisque locis subcalentibus ova relinquunt & naturæ tanquam providæ matri illa tradunt curanda. *Crocodylus* & *Testudines marinæ* ex aquis ad litora afcendere coguntur, ut sub arena ova condant, calore solis vivificanda.

INSECTA pleraque nec uterum geftant, nec ova incubant, nihilominus eorum familia, omnium, quæ movent..., numerofiffima eft, adeo ut, si tanta magnitudine corporum gauderent, quanta ipforum existit copia, vix aliis animalium, locum quendam relinquerent. Videamus igitur, quam provide agat optimus rerum Conditor in horum animalculorum propagatione confervanda. Ex naturali inftinctu congregantur & copulantur cum maribus feminæ, quæ postea ova deponunt; fed non promiscue in omni loco, singula enim talia sibi ipfis norunt loca eligere, quæ pullis recens exclufis, in tenella ætate victum, aliaque implendis naturæ defideriis neceffaria, sponte sua suppeditant, præfertim cum mater, prolem enixa, plerumque brevi moriatur, nec viva pullorum fuorum curam gerere poffit.

Papiliones, Phalenæ, Chryfomelæ, Curculiones, Cimices, Cicadæ, Cocci, Aphides, Chermes &c. ova sua in plantarum foliis collocant, & quidem quævis familia suam plantæ fpeciem eligit *a*); immo nulla fere planta eft, quæ non proprium Infectum alit; & quid magis? fere nulla earum pars a certis non eligitur Infectis, adeo ut alia flores, alia truncum, alia radi-

a) Vid. Syft. Nat. & Faun. Svec.

radices, alia folia ejusdem plantæ occupent. Aft, præfertim admirabundi videmus, quomodo arborum & plantarum quarundam folia, poft immiffa in illis ova in Gallas excrefcant & veluti domicilia recens exclufis forment, quæ commode inhabitent. Sic dum *Tentredo* Fn. 947 foliis quernis fua ova affigit, vulnus folii intumefcit & tuberculum pomiforme nafcitur, quod embryonem includit & alit. *Chermes* Fn. 700. poftquam ova depofuit in ramis *Abietis*, pififormia tubercula excrefcunt. Alia ejus fp. Fn. 695 in *Cerastio* Fl. 379. vel *Veronica* Fl. 12. poftquam ova depofuit, folia mire. in formam capituli contrahuntur. *Tipula* Fn. 1150 ova excludit vel in *Junipero* extremitatibus, unde domus Triglochifacie generatur, vel in Populi foliis, unde globus ruber producitur. *Aphis* Fn. 1455 ova in Populi nigræ foliis Fl. 811 ponit, quæ inde in burfas tumidas inflatas abeunt. Et fic in aliis. Nec plantas foluminodo inhabitare ibique ova fua deponere folent Infecta. *Culices* Fn. 116. aquæ imprimis ftagnanti, ova concredunt. *Monoculus* Fn. 1181 in aquis ftagnantibus fæpe tanta copia augetur, ut ex hujus rubris gregibus, quafi fangvinis grumi fiant, unde vulgo creditur aquam in fangvinem per miraculum verfam fuifle. Alia aliis locis ova committunt; ut *Scarabæus* fimetis & ftercoribus. *Dermestes* in pellibus. *Musca curnivora* in carnibus putrefactis. *Musca* Fn. 1110 in cafei rimis ova deponunt; unde egreffæ larvæ integrum cafeum fæpe confumunt, & magnam hominum partem decipiunt, ut fibi perfvadeant, vermes ex ipfius cafei particulis generatos effe, generatione fic dicta æquivoca, quod tamen abfurdum. Alia in certis animalibus ova excludunt, ut *Blatta* 618 inter pifcium fquamas. *Oestri* fpecies Fn. 1014. in dorfo Boum. *Species* 1015 in dorfo Rangiferorum

fpecies

Species 1026 in naribus ovium, *Species* 1028 in tubo inteſtinali, vel fauce equorum, hibernacula obtinent, nec excluduntur, antequam proxima æſtas accedit. Immo ipſa Inſecta ſæpe circumdantur aliorum Inſectorum ovis, adeo ut vix animal reperiatur, quod ſuum proprium non alat Inſectum, ut de aliis omnibus locis, in quibus ova ponunt, nihil jam dicamus.

Metamorphoſes varias depoſita Inſectorum ova fere omnia, ſtupenda naturæ lege, ſubire tenentur. e. g *Papilionis* ovum, Braſſicæ immiſſum, omnium primo *Larva* evadit graminivora, reptans, XVIpus, quæ deinde tranſit in *Pupam* apodem, glabram, jejunantem; hæc quo tandem erumpit in *Papilionem* volantem, verſicolorem, hirſutum & melliſugum *a*). Qui majori dignum admiratione, quam quod unum idemque animal in ſcenam prodeat, tot indutum imaginibus, ac ſi tria eſſent diſtincta animalia.

VERMIUM generationis leges adhuc maxime ſunt obſcuræ, quum interdum per ova, interdum per propagines vivas, haud aliter ac gemmæ arborum, easdem perfici videamus. *Polypum* ſeu Hydram, S. N. 821, cum ſumma admiratione obſervatum eſt, propagines demittere & ramos vivos quibus multiplicatur, quid? quod ſi in plures ſecetur partes, ſingulum ſegmentum aquæ commiſſum, in perfectum ac creſcit animal, adeo ut ſingulæ partes, quæ ante erant abruptæ & divulſæ, ex unica lacinia denuo reſtituantur.

§. XIII.

Multiplicatio animalium non iisdem in omnibus adſtricta eſt regulis, quippe dum alia inſigni gaudent propagandi facultate, cetera in minori fœtuum perfectum

a) Orat. Cl. Præſ. de Propriet. Inſect. §. 6.

sunt numero. Illum tamen plerumque heic observare ordinem naturae deprehendimus, ut minima animalia, & quae plurimis in usum & sustentationem cedunt, summa pollent foecundationis facultate; cetera non item. Sic *Acari*, multaque alia Insecta, intra aliquot dies familiam usque ad millesimum numerum augere valent, dum *Elephas* intra duos annos vix unum excludit foetum. *Accipitres* ova 2 vel ad summum 4 quotannis ponunt, dum *Gallinae* ad 50 numerum accedunt. *Colymbus*, qui paucis est in deliciis, 1 tantum ova ponit, *Anates* vero *Tetraones* & *Passeres* plurima excludunt; *Columbae* duae, si 9 progenies quotibet anno posueris, intra 4 annos, 14762 gignere possent. Insigni hac fertilitate donatae sunt, ut non tantum hominibus, sed etiam feris & Accipitribus utilia grataque essent pabula b). Benigna circa hoc natura, innocua & esculenta animalia foecunda generavit. *Plin.* Ab hoc cuilibet determinato ovorum numero, natura eo magis recedere vetat, quod si quis avibus aliquoties ova, quae ad incubanda posuerunt, eripiat, amissis mox totidem alia substituant, ut de Hirundine, Anatibus & Passeribus observatum est.

§. XIV.
Conservatio.

Conservatio propagationem excipit; Illa vero inprimis in tenera aetate elucet, dum pulli adhuc ipsi vitae suae sustentationi providere nequeunt. Factum scilicet est, ut parentes vel ferocissimae insigni tangantur στοργῆ sive amoris sensu erga prolem enixam, & alimenti, custodiae & conservationis earum curam agant, idque secundum legem non fictam, sed ab ipso naturae Domino latam. QUADRUPEDIA tamdiu tenero foetui

a) Musschenbr. Orat. de Sap. Div.

sui ubera præbent , & liquore, lacte chyloso susten-
tant, quo ad viscera ejus solidiori cibo digerendo paria,
& dentes cibo masticando apti evadant. Immo amor
eorum erga pullos eousque sese extendit, ut omnia, quæ
perniciem & detrimentum illis minitantur, omni nisu pro-
pellant. *Ovis*, quæ binos uno partu peperit agnos, non
ad ubera admittit unum, nisi simul adsit & fugat alter,
ne unus fame pereat , dum alter optime alitur.

AVES nidos artificiosissime struunt, eosque quam
possunt mollissime substernunt, ne ova aliquo modo
lædantur. Nec illos promiscue omnibus in locis con-
dunt, sed illa tantum eligunt, in quibus optime contra hostium insultus quietæ latere possunt. *Pendulinus*
(*Act. Bonon.* vol. 1.) *nidum* ex fibris plantarum emar-
cidarum, & pappo seminum Populi componit, quem
ramo alicujus arboris, super aquam pendenti, affigit,
ne ab aliquo attingatur. *Colymbus* Fn. 123 super ipsam
aquam inter *scirpos* natantem nidum collocat. Plura
exempla sciens prætereo. Ova deinde tanta patien-
tia incubant aves, ut multæ inedia perire, quam illa,
cibum quæsituræ, periculo exponere malint. *Corvus*
& *Cornices* masculi cibum incubationis tempore femi-
nis apportant, *Columbæ, Passeres*, aliæque aves, ubi mo-
nogamia obtinet, incubando alternas vices observant,
nam in Polygamia mares vix curam habent natorum
ullam. *Anates* pleræque plumas magna copia divel-
lunt, iisque ova obtegunt, ne frigore lædantur, dum
illa, cibum quæsituræ, relinquunt. Pullis denique ex-
clusis, quis nescit, quam sollicite provideant parentes,
ne nutrimento careant usque ad illud tempus, quo ipsi
evolare valeant, sibique ipsis escam quærere? *Colym-
barum* pulli seminibus duris in escam frui minime possent, nisi parentes semina in sua ingluvie macerata,

ori

ert ipforum demum ingererent. *Strix Bubo* dicta, in
altiffimis montium præcipitiis, in loco fervidiffimo,
foli obverfo, nidum ftruit, ut cadavera a fe allata,
caloris ope in mollem deliquefcant pulpam, de qua
pulli adhuc teneres fuam fuftentare poffunt vitam.
Cuculus in aliarum Avicularum, fæpius *Motacillæ* Fn.
214. 233. nido, ova fua deponit, ejusque curæ com-
mittit & incubationem & fuftentationem. Quod autem pulli hi, ad maturiorem ætatem provecti, dege-
nerent in accipitres, & eousque ingratitudinis proce-
dant, ut loco mercedis, huic fuæ altrici violentas un-
gues inferant, error eft infcietæ plebis; eorum namque naturæ contrarium eft carnibus vefci.

AMPHIBIA, *Pifces* & *Infecta*, quæ parentum cura frui non poffunt, id tamen illis acceptum referunt,
quod in ejusmodi locis depofita fint, ubi nutrimentum facili negotio accipiunt, uti vidimus §. XII.

§. XV.

Maturitatem quam primum attigerunt animalia,
parentumque cura non egent, ipfa vitæ fuæ con-
fervationi, omni labore & induftria, diverfis licet modis, ftudent, fecundum legem & œconomiam cuivis conceffam. Ut autem commode fu-
ftentari tam ingens animalium copia, in mundo ob-
via, & certus inter fingula ordo obtineri poffit, en!
miram Creatoris difpofitionem, qua certa, cuilibet eorum affignavit efculentorum genera & appetitus li-
mites; ut alia ex certis plantarum fpeciebus, quæ cer-
tæ regiones certumque folum ferunt; alia ex certis a-
nimalculis; alia ex cadaveribus, immo ipfo luto &
ftercore fuftentationem habeant. Hanc quoque ob
cauffam conftituit fummus Conditor, ut alia in certis
aquæ regionibus natarent, alia in aere volarent, alia
zonam torridam, frigidam vel temperatam inhabita-

E   rent,

rent, alia deferta, montes, filvas, paludes vel prata
occuparent, ubi fcilicet eorum naturæ conveniens cibus abundat. Hoc pacto nulla est terrestris regio,
nullum æquor, nullus fluvius, nulla plaga, quin varia animalia contineat nutriatque. Hinc quoque di-
versi generis animal, alteri alimentum præripere nequit, quod si fieret, sæpe aut vita aut sanitas ejus
valde periclitaretur; & hac demum ratione, tot ac tantis
totius universi incolis, nullo non tempore nutrimentum suppetit orbis, nihil vero eorum quæ terra pro-
ducit, ut inutile aut superfluum relinquitur a). Pauc-
ca in hanc rem adferre exempla, haud ab instituti ratione alienum duxi, ex quibus etiam patebit, quam
provide Naturæ Opifex fingulis animalibus talem pro-
curavit amictum, qualis regioni, quam inhabitant esset
accommodatus, nec non quam affabre corporis structura, cujuscunque animalis vitæ, & foli genio, ubi
degunt, aptata est, ut ad illas regiones, quas incolunt, unice destinata videantur.

Simiæ, Elephantes & Rhinocerotes vegetabilibus
in calidis folum regionibus, per totum annum cre-
scentibus, vescuntur, ideoque fol fixas sedes fortiti
sunt. Cum vero fol fervidissimos heic radios spar-
gat, tali gauderit natura & indole, ut nullam illis ad-
ferant noxam; quid? quod nudi fere, una cum reliquis harum regionum incolis, incedant, cum æstu a-
lias facile perirent, si pilosis pellibus onerarentur.

Rangiferis contra constituta sedes est frigidissima
Lapponia, quoniam præcipuus eorum cibus est *Lichen* Fl.
980, qui in alio terræ tractu neutiquam tam copiose
crescit, ac ibi; & cum frigus heic sit intensissimum,
factum est, ut Rangiferi, sicut cetera Borealis terræ
ani-

a) *Cfr. Derh. Ph. Th. L. IV, C. XI.*

animalia, pellibus gaudeant, pilis refertiffimis, quarum
beneficio hiemis vim optime eludere valent. Pariter
Lagopus Fn. 169. in ipfis alpibus Lapponiels vitam
tranfigit, feminibus *Betulæ nanæ* Fl. 777. victitans,
utque a frigoris injuria eo tutius ibi curritare queat,
plumofos habet pedes.

   Camelus deferta arenofa & calidiffima incolit, ut
fteriles *Arundines* Fl. 102. obtineat. Huic vero quam
fapienter profpexit conditor? Per deferta illi eft am-
bulandum, ubi haud raro intra multorum milliarium
ambitum aqua non invenitur. Siti perirent in ejusmodi itinere animalia omnia; Camelus vero ibidem
absque fiti fuftinere poteft, quippe cujus ventriculus
cellulis inftruitur plurimis, in quibus aquam refervat
plurium dierum, fitim eludentem; Et referunt pere-
grinatores, quod Arabes, dum in itinere conftituti a-
qua deftituuntur, Camelos mactare & ex ipforum ven-
triculis aquam haurire fæpe cogantur, illis reficiendis
aptiffimam, & nullo modo corruptam. *Pelicanus* pariter in locis habitat defertis & exaridis, ibique nidum longe a mari diffitum ftruere tenetur, ut eo majorem ovis fuis calorem concilet; aquam igitur e
longinquo & in fui & pullorum gratiam adferre cogitur, quare etjam inftrumento, huic negotio aptiffimo,
ipfum dotavit fapientiffimus in fuis operibus rerum
Conditor. Sacculum nempe gerit fub gula fatis capa-
cem, quem copiofa aqua replet plurium dierum necef-
fitati fufficiente, eamque in nidum effundit, ut pullos
refrigeret & natare doceat. Veniunt quoque ad hos
Pelicani nidos, Feræ: Leones, & Tigrides ad fitim
fedandam, nec tamen quidquam damni pullis infe-
runt.

   Boves pafcua amant depreffiora, cum ibi pabulum
eorum gratiffimum crefcat. *Oves* colles apricos eli-

                                             gunt

gunt ut *Festucam* Fl. 95, quam praecipue in desertis
habent, inveniant. *Capræ* montium praecipitia ascen-
dunt, ut frutices tenellos rodant, idque ut eo expe-
ditius fiat, pedibus dotatæ sunt ad facile saliendum.
Equi silvas potissimum occupant & plantas consumunt
foliosas. Immo, tam varius est animalium adpetitus,
ut nulla fere planta sit, quæ non ab aliquo eligitur &
ab alio intacta relinquitur. *Equus* cedit *Phellandrium*
Capræ; *Vacca Cicutam* Ovi; *Capra* relinquit *Aconitum*
Equo. &c. Ea enim, quibus certa animalia pingue-
scunt, alia tanquam pestem & venenum rejiciunt.
Hinc nulla herba absolute venenata est, sed tantum re-
spective. Sic etjam *Euphorbium* homini maxime no-
xium, *Phalænæ* Fn. 825 cibus est saluberrimus. Ne vero ex ignorantia hujus legis, mortem sibi accelerent,
unum quodque ipsorum eo gustu & olfactu subtilita-
te munitum est, ut illorum ope, noxia a salubribus
facili negotio discernere queant. Si autem iisdem
victitaverint herbis, residuam tamen faciunt aliis nutrimenti partem, cum os singulis non æque aptum sit
ad gramina e terra excerpenda, quo pacto cibus o-
mnibus erit sufficiens. Huc spectat experimentum œ-
conomicum apud Batavos tritum, ubi &c. 8. vaccæ
pascua habuerunt & non amplius sustentari possunt, i-
bi 2 Equi, quod sibi sufficit, per aliquot dies inveniunt, & postquam Equis nihil superest, adhuc 4
oves habent de quo sustentari possunt.

Sues terræ gremium fodendo, victum comparant
& radices succulentas, utpote cibum illis destinatum,
quærunt. Quibusdam arborum folia & fructus in e-
scam constituti ut *Bradypo*, *Sciuro*, quos ut facile at-
tingant, pedibus instructi sunt scandentibus.

Aquas incolunt, præter piscium myriades, *Ca-
stores*, *Phocæ* & *Lutræ*, ut ibi suam habeant sustenta-
tio-

rationem; qui etjam ideo pedibus poſticis donati ſunt natatoriis, eorum vivendi generi, maxime accommodatis. *Anſerinus* totus ordo ut Anates, Mergi &c. in aquis etjam vitam tranſigunt, utpote Inſectis aquatilibus, piſcibus eorumque ovis *a)* victitantes. Quis vero non vidit, ſi modo parum attendat, quam exacte admirabilis illa roſtri. colli, pedum & plumarum fabrica eorum vitæ generi reſpondeat, id quod etjam de omnibus reliquis avibus obſervatu maxime dignum eſt.

Sterna Fn. 129. ſingulare vivendi genus notari meretur; cum enim non ita commode aquis ſe immergere ibique piſces venari valeat ac reliquæ aves aquaticæ; *Laros* ipſius altrices conſtituit creator eo modo, quod, dum a Sterna perſequuntur, prædæ partem in ejus nutrimentum eructare cogantur; autumno vero, cum piſces in profundo ſe abſcondunt, ſubminiſtrat iterum *Mergus Fn. 113* Laris, unde vitam ſuſtentent, utpote qui adhuc profundius in mare deſcendere valet, quemadmodum ab *exp.* D. D. *Gisler* obſervatum eſt.

Amphibiorum nonnullorum inprimis Anguium & Ranarum non minorem geſſit curam Creator, quibus, cum nec alis inſtruantur ut volare poſſint, nec pedibus ad celeriter & commode currendum, illa ratione prædam capere, datum eſt, ut nonnulla ani

malia

a) Factum eſt, ut interdum tum in altis montibus, tum lacunis & foſſis varia piſcium genera inveniantur, de quorum origine varii in varias abierunt ſententias & conjecturas; ſed obſervavit Cl. Gmelinus, quod cum Anates piſcium ova deglutiant, quædam eorum integra intrent & cum alvo exonerato in ejusmodi lacunas demittantur, ubi poſtea accreſcunt piſces rari modo, ut antea cum ſeminibus plantarum fieri, §. VII. vidimus. Gmel. Fl. Sib. p. 25.

malia sua quasi sponte in fauces ipsorum irruunt. *Crotalophorus* Americæ incola, dum tantum rictu hiante, avem, muscam vel sciurum in arbore sedentes inspicit; hi stupidi toti quanti, & quasi nullum illis superesset refugium, gulam ejus incurrunt. Contra vero summam Creatoris erga homines benignitatem veneramur, dum consideramus tintinabulum, caudam hujus serpentis claudens. Hujus enim ope, homines a venenatissimo hoste sibi sæpe cavere possunt, dum sonum ejus tintinabuli audientes fugiunt, quod si non fieret, homo ictu ejus petitus, intra sex horarum spatium vel sæpe intra semihoram, totum corpus putredine corruptum refert. Plura ejusmodi adferre, non permittit angustum hoc chartæ spatium. Quicunque vel fugitivo oculo, admiranda Creatoris opera lustrare velit, facile perspiciet, quam sapiens sit omnium rerum institutio, ordo, & justa naturæ cum finibus divinis convenientia.

§. XVI.

Porro non sine summa admiratione conspicimus, quam provide etjam egerit naturæ opifex circa illorum animalium conservationem, quæ sub certo anni tempore tempestatis violentia, ab iis excluduntur, quæ ad vitæ suæ sustentationem necessaria sunt. Sic *Ursus* autumno ingreditur Muscum collectum, ibique tota hieme delitescit, non alio victitans cibo quam pingvedine, durante æstate, in membrana ejus cellulosa collecta, quæque sub hoc ejus jejunio, procul dubio per vasa ejus, nutrimenti loco, circulatur; cui forte accedit ille pingvis succus, quem ex glandulis in plantis pedum exsugit. *Erinaceus*, *Meles*, *Talpa*, eodem modo hibernacula vegetabilibus replere consvescunt, & sæviente gelu, obdormiunt. *Vespertilio* per

latus

integram hiemem gelida & mortua quasi complectitur. *Amphibia* pleraque antra aut lacuum atque paludum fundum occupant. *Hirundines* tempore autumnali, appropinquante frigore, & simul evanescentibus Insectis & cibo, asylum contra frigoris vehementiam in lacuum fundo, inter Arundines & Scirpos quærunt, unde verno tempore, mira naturæ dispositione, iterum emergunt. Omnibus his, dum jejunare cogatur, ceffat inteftinorum periftalticus motus, quare adpetitus minuitur, adeoque famis fævitiam minus fentiunt. Huc etiam fpectat laudatiffimi *Lifteri* de hifce animalibus obfervatio, quod eorum fanguis, in patellam eductus, non prout reliquorum animalium coaguletur, adeoque circulo redintegrando, nihilo minus fit aptus. *Tetraones* fub ipfis nivibus ambulacra fibi fæpe efformant.

Aves reliquæ Infectivoræ, quotannis migrationes usque ad exteras regiones fufcipiunt, ut fub mitiori cœlo, vitæ fuftentationem quærunt, dum tota Borealis terra, ubi æftate jucunde degunt, glacie & nive tegitur

Infecta, hiemali tempore, intra pupas fuas fæpius latitant & ex circumnatante lympha, veluti fœtus ex liquore amnii fuftentantur, unde, vere appropinquante, in omnium admirationem expergifcunt, evolant.

Nec tamen omnia animalia, quæ hiemis abfcondit, hafce jejunii leges obfervant. Nonnulla penu fuum inftruunt æftivo & autumnali tempore, ex quo poftea, quæ fibi funt necefaria, depromunt, ut *Mures*, *Glandaria* Fn. 74, *Sciurus*, *Apes*.

§. XVII.

Quæ de avium, ad exteras regiones, migratione jam verbo monuimus, anfam nobis fubminiftrant, hanc rem ulterius exemplis illuftrandi.

Sturnus

Sturnus, Fn. 183, post mediam aestatem, vermes apud nos minus copiose inveniens, ad Scaniam, Germaniam & Daniam quotannis descendit.

Fringilla, Fn. 99. femina, omni hieme, australes regiones petens, circa Festum Michaelis Bataviam catervatim peragrat: cum autem heic remanent masculi, proximo vere revolabit, nisi matrimonio se solutam esse velit.

Emberiza f. *Hortulanus carolinianus* Catesb. dicta, femina, mense Septembri, dum in Cuba horreis reposita est *Oryza*, qua vescitur, versus austrum fugit, vere autem insequente revertitur, marem invisura.

Aves nostrae aquaticae quovis autumno australem plagam petere necessum habent, antequam aqua heic glaciem induat. Sic novimus paludes polonicas & lithavicas Anatibus, Cygnis & Anseribus autumno refertas esse, quo magnis turmis cursum per varia flumina usque ad Pontum Euxinum tendunt: sed vere appropinquante, dum solis aestus eas infestare incipit, vela vertunt, & per aërem ad paludes & lacus boreales, ova deposituræ, turmatim feruntur. Ibi enim inprimis vero in Lapponia, maxima adest *Culicum* Fn. 1146. copia, quae victum illis optimum subministrat, cum omnes *Culices* antequam aliæ instruuntur, in aquis degant.

Numenius Fn. 143. per hiemem in Anglia habitat, & inde vere instante, matrimonio junctus, discedit. *Anas Islandica* Fn. 96, mense Aprili Sveciam transit, nec cursum detinet, antequam mare album petierit. *Recurvirostra* Fn. 137 in Italiam quovis autumno proficiscitur. *Colymbus* Fn. 121, quovis vere & autumno Germaniam petit. *Turdus* Fn. 188 verno tempore silvas nostras implet, hieme vero fugit. *Emberiza*, *Passer nivalis* S. N. 6. p. 31. n. 1. dicta, hieme duraodurante, Alpes deferé coacta, ad Sveciam & faepe Germaniam usque properat. *Larus* Hispaniam & Italiam vititat. *Corvus* Scaniam adit.

Per ejusmodi migrationes, in plurium Regionum & gentium usus quoque cedunt aves, & per totum fere orbem distribuuntur. Admirari vero heic convenit, quod omnes tempus discessus & recessus exacte observare norint, quodque nec de via errent.

§. XVIII.

Destructio.

In antecedentibus monuimus, non omnia animalia vegetabilibus vesci, sed quaedam etiam esse, quae certis animalculis in escam & vitae sustentationem fruuntur: Scilicet sunt, quae rapto solummodo vivunt & multas imbelles quotidie dilacerant; Sic destruuntur animalia, ita vero, ut debiliora plerumque continua serie infestentur a fortioribus. Hoc pacto plantis victitat *Aphis*; Aphides *Muscae aphidivorae* cedunt; huic *Asilus* in dias struit; Ex Asilis sustentantur *Libellulae*; hae ab *Araneis* capiuntur, Aranei vero a *Passeribus*, quae tandem *Accipitribus* cedere coguntur. Pariter a qua putrida delectatur *Monoculus*, qui *Culicibus* in cibum abit, hae *Ranis*, Ranae vero *Luciis*, & Lucii *Phocis*. *Vespertilio* & *Caprimulgus* noctu solum evolant, ut plurimas Phalaenas tunc temporis circumvolantes abripiant. *Picus* Insecta in arboribus delitescentia extrahit. *Hirundo* illa in aere volantia persequitur. *Talpa* vermes infestat. Pisces voraces comedunt minores. Immo nullum fere animal deprehendimus, quod non cum suo hoste certare cogitur. Inter quadrupedia vero, utpote reliquis infestissimae & maxime periculosae eminent *Ferae*, sicut etiam inter aves *Accipitres*.

F

cipitres. Ne autem *hæ* nimis atroci laniena integras
species penitus delerent, etjam illæ suis circumscri-
buntur cancellis, inprimis quod ferocissimas attinet,
notari meretur, quam paucæ sint in respectu ad reliqua animalia, ita tamen, ut justa observetur propor-
tio *a*). Porro nec tanta earum copia in omnibus regionibus invenitur. Sic Gallia & Anglia nullos alit
Lupos, nec terra Borealis Leones vel Tigrides. Huc
accedit, quod ferocia hæcce animalia in propria non-
nunquam sæviant viscera. Sic Lupus Vulpem devo-
rat. Canis Lupum & Vulpem infestat; immo lupi
congregati interdum ursum comprehendere non ve-
rentur *b*). Tigris proprios catulos masculos sæpe ne-
cat. Canes interdum vel rabie corripiuntur, suos-
que socios perdunt, vel Alopecia & se ipsos consumunt. Præterea Feræ rarius tam longam attingunt
ætatem, ac Phytivora; sed ex alcalina sua diæta ad
varios morbos inclinant, qui mortem ipsis citius ac-
celerant. Quamvis autem animalia a suis quæque ho-
stibus infestentur, suis tamen stratagematibus & ar-
mis, eorum violentiam sat callide eludere solent. Sic
Lepus canem per suos anfractus sæpe confundit. Cum
ursus innocua Pecora & Jumenta infestat, confertim
hæc in mutuam defensionem congregantur. *Equi* capita conjungunt & pedibus pugnant. *Boves* caudas
componunt & cornibus resistunt. *Sues* gregatim concurrunt & fortiter insultui se opponunt, ut non nisi
ægre vincantur; & notatu dignum est, quod omnes
natos utpote minime valentes, in medio suorum collo-
collo-

a) In *Syst. N. horum* X *tantum species detectæ*
sunt, cum tamen reliqua quadrupedia circiter C *numeren-*
tur. Rariter Accipitrum XXX *existunt, cum reli-*
quæ aves ad CC *m numerum accedunt.*

b) *Ut nobis retulit D. D. Gisler.*

collocent, ut fecure maneant, donec prælium finitum
fit. *Aves*, fuo diverfo volandi genere, fe fæpe ab
Accipitribus liberant. Si Columba cum Accipitre eundem volandi modum haberet, vix ungves ejus unquam
effugeret. Ceterum attendi meretur, qua ratione quædam per totam noctem fecuritati fuæ confulant: Inter
Equos in filvis dormientes, unus femper, fervatis no-
ctium vicibus, evigilans ftat & excubias quafi agit. *Simiæ* S. N. 2. 10. in Brafilia, dum inter arbores dor-
miunt, altera earum excubat, ut fignificet, cum Tigrides illas obrepant, fi vero cuftos ipfe dormiens reperitur, ad mortem usque a reliquis dilaceratur *b)*. Hinc
non adeo felix femper eft Rapacium venatio, quæ
haud raro per totum diem retia fruftranео labore ten-
dant, neceffe eft. Hanc vero ob cauffam, talem his
Creator indidit naturam, ut famen diutius fuftinere
poffint, cum fc. menfam ferculis refertam non femper
inveniant. Sic *Leo* per plures dies in fpelunca absque fame delitefcit. *Lupus* dum femel gulæ fatisfe-
cit, plurium feptimanarum jejunium absque ulla diffi-
cultate perferre poteft.

Si regrediamur ad finem, propter quem Summo
Conditori placuit hunc naturæ ordinem ita adornare,
ut quædam animalia quafi ad reliquorum horren-
dam lanienam creata fint, videtur eo potiffimum ten-
diffe providam ejus curam, ut non tantum fuam habeant fuftentationem, fed & eo ipfo ad juftam inter
omnes fpecies proportionem fervandam inferviant, ficque impediant, ne plus jufto, nonnifi cum hominum
& animalium detrimento atque pernicie, accrefcant.
Nam fi verum, ut eft veriffimum, in fuperficie terræ, non nifi certum & proportionatum animalium nu-

E merum

b) Marcgraf. braf. 227.

44

merum habere de quo vitam suſtentet, neceſſum eſt
ut fame ſingula perirent, ſi idem numerus bis vel ter
multiplicaretur a). Muſcæ quædam ſunt viviparæ, quæ
uno partu 2000 fetus enituntur, hæ exiguo tempore aëra implerent, & nubium inſtar ſolis radios nobis interciperent, niſi ab avibus, araneis multisque
aliis comederentur b). Ciconiæ & Falcones Ægyptum
a Ranis, quæ poſt inundationem Nili totam illam terram obtegunt, nec non Palæſtinam a Muribus liberant. Ita in hanc rem Bellonius c) Ciconiæ Ægyptum
tanta accedunt in copia, ut agri & prata inde albe-
ſcant; hos tamen amant Ægyptii, cum Ranæ illic tanta abundantia generentur, ut niſi Ciconiæ eas vorarent,
nihil illis eſſet frequentius, tum etiam quod ſerpentes
capiant & devorent. Inter Belbam & Gazam Pa-
læſtinæ agri ſæpe deſeruntur ob murium copiam & So-
ricum abundantiam, quas niſi devorarent Percnopteri,
naturæ inſtinctu huc avolantes, nullum ſementum poſſent
incolæ facere. Idem officium præſtat Vulpes alba S. N.
8. 7. in Lapponiæ Alpibus frequens, dum abundantes
Mures Fn. 26, qui ibi generantur, abripit, eoque impe-
dit, ne plus juſto in Vegetabilium jacturam accreſcant;
ut de reliquis nihil jam dicamus. Sufficit, quod nihil
a Deo factum ſit fruſtra, & quod omnia quæ fecit,
ſapientiſſime facta ſunt; neque enim nobis nimis arro-
ganter omnes Dei fines rimari competit. Ne vero exi-
ſtimemus, cum Rapacia hæcce nobis aliquando damnum
inferant, Conditorem applicuiſſe naturæ ordinem ad
noſtra privata principia œconomica; nam alia ratio
domeſtica Lapponis eſt, alia ruſtici Europæi, alia Hot-
tentotti & hominis ſilveſtris; ſtupenda vero Oeconomia

a) Derh. Ph. Th. p. m. 237. b) Muſchenbr. or. cit.
c) Itin. p. 102.

mia Divina non est nisi una per totum orbem conspicua; & si natura ad nostram opinionem non semper justos posuerit calculos, haud aliter est intelligendum, ac cum varii nautæ ventum secundum quilibet ad suum destinatum portum expectant, quibus omnibus simul satisfieri nequit.

§. XIX.

CADAVERIBUS fœtidisque corporibus totus orbis oneraretur, nisi quædam animalia illa etjam in deliciis haberent. Cum itaque animal aliquod emoritur, nullum perdunt momentum *Ursi*, *Lupi*. *Vulpes*, *Corni* &c. antequam omnia e medio aufferant. Si vero e. g. Equus juxta vias publicas occumbit, ubi Feræ haud accedere audent, eum post aliquot dies tumidum, ruptum, tandemque innumeris muscarum carnivorum larvis impletum deprehendes, a quibus totus quantus cito consumitur & removetur, ne diu venenato fœtore prætereuntibus molestiam pariat. Piscium cadavera, dum ad litora propelluntur, pisces voraces, ut *Rajæ*, *Squali*, *Murenæ* &c. se illuc ad edendum conferunt; quoniam vero fluxus & refluxus maris cito statum mutet, in caveis ipsæ sæpe detinentur & cibum feris præbent, litora occupantibus. Sic terra non tantum cadaverum putredine purgatur, sed variis etjam animalibus, necessaria vitæ sustentatio per œconomiam Naturæ procuratur.

Pari modo, suum & aliorum commodum promovent multa Insecta. Sic *Culices*, dum in aquam stagnantem, putridam & fœtentem numerosa ova immittunt, omnem ejus aquæ putredinem comedunt enatæ Larvæ, id quod luculenter patebit, si quis experimentum eo modo instituere velit, ut duo vasa aqua putrefacta repleat, inque altero eorum culicum larvas relinquat, alterum vero ab illis bene secernat. Hoc facto brevi

repe-

reperiet aquam, culiculis impletam, puram esse, absque ullo fœtore, alteram vero ab illis vacuam, continuo fœtentem. *Pediculi* in capitibus infantum, scabie infectis, mirum in modum augentur, nec sua utilitate in eo destituuntur; quod abundantem humorem consumant. *Scarabæi*, æstivo tempore, e pecorum stercoribus, omne humidum & glutinosum extrahunt, unde postea veluti pulvis super terram per ventos disparguntur; Hoc nisi fieret, tantum abest, ut vegetabilia subjacentia inde pinguescerent, quin potius totus ille locus sterilis foret. Hinc, cum *Canum* excrementa adeo tetra & septica sint, ut a nullis adpetantur Insectis, eorumque ope sic dispergi nequeant, cautum est, ut in lapide, trunco, aliove eminentiori loco alvum plerumque exonerent canes, ne vegetabilia exinde destruantur. *Feles* autem propria excrementa in terram defodiunt. Nihil tam vile, nihil tam parvum, in quo non elucet mirificus naturæ ordo & sapiens dispositio.

§. XX.

Hominis demum caussa, hi omnes naturæ Thesauri, qui in tribus naturæ Regnis continentur, facti videntur, quos tam artificiose condidit, tam mire propagari fecit, & tam provide sustentat summus rerum Moderator. Hujus usui omnia, si non mediate, saltem immediate cedere possunt, ceteris non item. Rationis ope homo ferocissima animalia domat, velocissima persequitur & capit, immo quæ in fundo maris absconduntur viventia, assequi valet. Rationis ope, vegetabilia in immensum auget numerum & arte illa efficit, quæ natura sibi relicta vix faceret. - Ex vegetabilium regno, quæ cibo, potui, vestimentis, medicamentis, navigationibus, & innumeris, ad vitæ suæ necessitatem & commoditatem sufficiunt, ingeniose parat. Mineras ut obtineat, in terræ abyssum descendere & ferre vi-

re vifcera telluris fcrutari didicit; quam artificiofe
ne novit fragmenta ex duriffimis divellere montibus,
duriffimos lapides, inftar aquæ, fluidos reddere, utilia
metalla ex inutilibus diftingvere fcoriis & tenuiffimum
Sabulum etjam in aliquem vertere ufum. Et quid multa? dum feriem rerum creatarum fequimur & con-
fideramus quam provide unum propter alterum factum
fit, res tandem eo recedit, omnia propter hominem
facta effe, & eum præcipue in finem, ut ille, opera Creatoris admirando, gloriam ejus extollat fimul-
que omnibus rebus gaudeat, quibus ad vitam commode & jucunde tranfigendam eget.

§. XXI.

Argumentum hoc de Naturæ Oeconomia, cujus
particulam tantum jam leviori brachio tetigimus, tan-
tæ eft amplitudinis & dignitatis, ut fi rite & ad o-
mnes fui partes delineandum effet; homines, in quo
ingenii vires tantum non omnes, intendant, haberent: immo ætas prius deficeret, quam unius vel minimi Infecti admirabilem Oeconomiam, leges & arti-
ficiofam ftructuram, accurate rimari vel perfpicaciffi-
mus valeret, cum natura etjam in minimis tota fit.
Quælibet fpecies cujuscunque rei creatæ digna eft, quæ
fuum fingularem fcrutatorem haberet. Si, fecundum
qualemcunque calculum, numeraremus *Vegetabilia*
20000, *Vermes* 3000, *Infecta* 12000, *Amphibia* 200,
Pifces 1600, *Aves* 2000, *Quadrupedia* 200; in mundo fefe 40000 viventium fpecies offerunt. Ex his noftra patria vix 3000 habet, cum plantas fponte cre-
fcentes circiter 1200 nec non circiter 1400 fpecies animalium detectas alat. Nos, qui in laudem
& admirationem noftri Creatoris creati fumus, nifi
otiofi fpectatores effe velimus, nihil magis afficere
poteft

poteft & debet, quam pia horum maghalium confi-
deratio. Certe, fi majori cura & attentione animum
fcientiis horum omnium poliremus, præter infignem
illum ufum, qui Oeconomiæ noftræ inde accede-
ret, Oeconomiam Naturæ longe excellentiorem
detegeremus, detectam vehementius admiraremur.
Multa quidem fateor mihi adhuc, quæ in nobili
hacce materia commemorari poffunt, fupereffe,
fed anguftum hoc chartæ fpatium jubet, ut colo-
phonem, his leviter allatis, operi imponam. Sco-
pum obtinui, fi exigua hæc ingenii mei fcintillula
plenam aliis lampada, in ftadio tam ingenti metien-
do, accenderit. Interim innocuos hofce conatus
B. L. æqui bonique confulas, cum omnia a nobis dicta & facta effe conten-
damus,

IN GLORIAM SOLIUS DEI.